www.ingramcontent.com/pod-product-compliance
Lightning Source LLC
LaVergne TN
LVHW010101061026
849532LV00005BA/1878

کرناٹک

کی تین ادبی شخصیات

(تذکرہ)

ڈاکٹر فوزیہ چودھری

Karnataka ki Teen Adabi Shakhsiaat
by: Dr. Fouzia Choudhary
Edition: February '2024
Publisher :
Taemeer Publications LLC (Michigan, USA / Hyderabad, India)

ISBN 978-93-5872-301-4
9 789358 723014

کتاب	:	**کرناٹک کی تین ادبی شخصیات** (تذکرہ)
مصنفہ	:	**ڈاکٹر فوزیہ چودھری**
جمع و ترتیب	:	اعجاز عبید
صنف	:	تذکرہ
ناشر	:	تعمیر پبلی کیشنز (حیدرآباد، انڈیا)
سالِ اشاعت	:	۲۰۲۴ء
صفحات	:	۴۰
سرورق ڈیزائن	:	تعمیر ویب ڈیزائن

فہرست

آہ۔۔۔ڈاکٹر فوزیہ چودھری

ڈاکٹر وصی بختیاری عمری

میں فوزیہ چودھری صاحبہ کے انتقال کی خبر سے بہت متاثر ہوا ہوں، میرے لیے آپ کے انتقال کی خبر ایک حادثہ فاجعہ ہے۔ ایک دن قبل ہی انہوں نے مجھے واٹس ایپ پر پیغام بھیجا تھا کہ : 'میں بنیادی طور پر اردو کی لکچرار ہوں اور ریٹائرڈ ہوں'۔

جب ان کے ملازمت سے استعفیٰ دینے کی خبر علم میں آئی تو سب کی طرح میں بھی حیران ہوا تھا کہ کیوں استعفی دے رہی ہیں؟ دراصل گورنمنٹ فائن آرٹس کالج میں ان کے ساتھ ہمارے ایک سینئر عمری برادر بھی ایسوسی ایٹ پروفیسر تھے اور انہی سے معلوم ہوا تھا کہ ڈاکٹر فوزیہ چودھری کی شاید پندرہ بیس سال سروس مزید باقی تھی، گویا ان کی عمر چالیس پینتالیس سال رہی ہوگی۔

چند دن پیشتر ایک مرتبہ فون پر ان سے تفصیلی بات ہوئی تھی، پروفیسر سید سجاد حسین صاحب بھی میرے ساتھ گفتگو میں شریک تھے۔ گفتگو کے دوران ڈاکٹر فوزیہ نے نے کہا تھا کہ انہیں قادیانی کہہ کر بدنام کیا جا رہا ہے، جب کہ ان کے خاندان نے قادیانیت کے خلاف ہمیشہ محاذ آرائی کی ہے، ان کی والدہ نے قرآن مجید کا ترجمہ کیا اور اس کی کمپوزنگ وغیرہ کا کام بھی میرے ایک دوست نے کیا۔

ڈاکٹر فوزیہ بہت خوش مزاج اور سادگی پسند تھیں۔ بہت سی باتیں اور بہت سی یادیں ان سے وابستہ ہیں۔ مرحومہ کے ساتھ شاید میں نے کئی سیمیناروں میں شرکت کی

ہے اور آپ سے بہت سی ملاقاتیں رہی ہیں، میرے ساتھ ڈاکٹر ایس۔ محمد یاسر ہمیشہ ساتھ رہتے۔ میل وشارم، تروپتی، چینائی، آمبور، مدراس یونیورسٹی، ایس آئی ای ٹی مدراس اور دیگر کئی مقامات پر ہم ساتھ رہے۔

'غبارہ' نامی بچوں کا رسالہ جو بنگلور سے نکلتا تھا، اس کے لیے میرے تاثرات کو انہوں نے ایک شمارہ میں جگہ دی تھی۔ اس سے قبل ڈاکٹر فوزیہ چودھری نے اپنے خاکوں کا مجموعہ "مہرباں کیسے کیسے" مجھے ارسال کیا تھا۔ مجھے آپ کا اسلوب نگارش اور جن شخصیات پر لکھا گیا، اچھا لگا، میں نے اس کتاب پر اپنے خیالات سے انہیں آگاہ کر دیا تھا۔

گذشتہ ایام میں ڈاکٹر فوزیہ چودھری صاحبہ دو معاملوں میں الجھن اور پریشانی کا شکار ہو گئی تھیں:

۱۔ قادیانیت کا الزام

۲۔ حقوق نسواں کے تعلق سے قرآن پاک پر رائے کا اظہار۔

دونوں باتوں کی خود انہوں نے وضاحت و صراحت فرمائی ہے، بہار اردو اکیڈیمی کی تقریر میں دیئے گئے بیان کی خود انہوں نے وضاحت کی اور اپنے وضاحتی بیان کو اخبارات میں شائع بھی کروایا۔ قادیانیت کا جہاں جہاں تک معاملہ ہے، تماپور سے تعلق رکھنے کی وجہ سے ایسا سمجھا گیا۔ لیکن اس کی کوئی بنیاد نہیں ہے، ڈاکٹر فوزیہ چودھری صاحبہ، شیخ نذیر احمد عمری مدنی کی ہمشیرہ تھیں، اور یہ خاندان عمل بالحدیث کے لیے معروف ہے۔

اردو اکیڈمی کرناٹک کی چیر پرسن کی حیثیت سے انہوں نے اکیڈمی کو نہایت متحرک اور فعال بنانے میں اہم کردار ادا کیا تھا، مختلف اسکیموں اور ایوارڈز کے علاوہ، صحافیوں کو مالی امداد اور زیر علاج صحافیوں اور ادباء و شعراء کے لیے وظائف کا نظم کیا

گیا۔ جنوری ۲۰۱۶ کے اواخر میں انہوں نے اردو اکیڈیمی کرناٹک کے لیے ایک رجسٹرار کے تقرر کو یقینی بنایا۔ اکیڈیمی کی سرگرمیوں اور مختلف پروگراموں میں وہ ہمیشہ مشغول رہتی تھیں۔

اکیڈمی کی جانب سے ۲۴ فروری ۲۰۱۶ کو ایک پروگرام 'حاصلِ مطالعہ' کے دوران تقریر کرتے ہوئے انتہائی جذباتی ہو گئیں اور گر پڑیں، انہیں فوراً اسپتال لے جایا گیا، لیکن اُن کی روح قفس عنصری سے پرواز کر چکی تھی۔ ڈاکٹر فوزیہ چودھری صاحبہ کی اس اچانک اور غیر متوقع موت پر پوری اردو دنیا سوگوار ہے اور آپ کی مغفرت کے لیے اللہ رب العزت سے دعا گو ہے۔

اللهم اغفر لها و ارحمها و ادخلها الجنة

وصی بختیاری عمری۔

(۲۴ فروری ۲۰۱۶ رات گیارہ بجے)۔

نجم الثاقب شحنہ: کرناٹک کی ایک اہم علمی شخصیت

موجودہ دور کمپیوٹر کا مصروف ترین دور ہے۔ اس دور میں انٹرنیٹ کی وجہ سے مطالعہ کی اہمیت کم ہوگئی ہے۔ نصابی کتابوں کے علاوہ بچوں کے ہاتھوں میں کوئی کتاب دیکھنے کو نہیں ملتی۔ لیکن آج سے تیس چالیس سال پہلے یہ حالت نہیں تھی۔ معلومات کا واحد ذریعہ کتابیں ہوتی تھیں۔ جنہیں مطالعہ کا شوق ہوتا انہیں کتابوں کی تلاش ہوتی تھی۔ جس کے پاس کتابیں ہوتیں، وہ دولت مند شخص ہوتا تھا۔ اِس نوعیت سے اُس دور کے ایک دولت مند شخص تھے نجم الثاقب شحنہ۔۔۔ ان کی شخصیت بڑی پرکشش تھی۔ یہ کشش ان کی شخصیت میں تھی تو ان کی کتابوں میں بھی۔ ہم بچپن میں ہر وقت انہیں کتابوں میں گھرا ہی دیکھتے۔ ان کا دیوان خانہ ہی ان کا بیٹھک خانہ تھا، جس میں ایک بڑی میز کے اطراف کرسیاں ڈالی گئیں تھیں۔ بڑی مشکل سے کرسیوں پر بیٹھا جاتا۔ دائیں بائیں ساگوان کی بنی ہوئی چھوٹی الماریوں میں کتابیں رکھی ہوئی ہوتیں۔ دیوان خانے میں صرف ڈکشنریاں اور حوالہ کی کتابیں رکھی جاتیں۔ تاکہ مطالعہ کے دوران آسانی سے حوالے دیکھے جاسکیں۔ یوں تو دیوان خانہ بہت چھوٹا تھا۔ لیکن نجم الثاقب شحنہ کی کتابوں کی دنیا بہت وسیع تھی۔ کسی سرکاری لائبریری سے کم نہ تھی یہ دنیا۔ ساری کتابیں اوپر ایک کمرے میں جوڑ کر رکھی ہوئی تھیں۔ ادب، زبان، معاشیات، عمرانیات، سماجیات، سوانح عمریاں، خاص نمبر، سائنس کی کتابیں، مذہبیات، قران کی تفاسیر، علم نجوم، قیافہ شناسی، مردم شناسی، فوٹوگرافی اور فلمی دنیا سے متعلق بھی کافی کتابیں مل جاتی تھیں۔ نجم

الثاقب شحنہ کے گھرانے کی بہ نسبت ہمارا ماحول بہت دقیانوسی تھا۔ فلمی میگزین کی ورق گردانی بھی ہمارے گھر میں گناہ سمجھی جاتی۔ ناول پڑھنا معیوب تھا۔ مجھے تعجب ہوتا کہ نجم الثاقب شحنہ خود ہی بچوں کے مطالعہ کے لئے فلمی میگزین منگواتے۔ ہمارے مذہبی گھرانے کے حساب سے دیکھا جائے تو یہ ایک بغاوت تھی۔ میں اپنی والدہ سے ہمیشہ پوچھا کرتی تھی کہ آپ اور آپ کے بڑے بھائی یعنی نجم الثاقب شحنہ کی پرورش ایک گھر میں اور ایک ہی ماحول میں ہوئی ہے، اس کے باوجود آپ دونوں بھائی بہن میں اتنا فرق کیوں ہے؟

مطالعہ ماموں جان کا بہترین مشغلہ تھا۔ نجم الثاقب شحنہ کی شخصیت میرے لئے مطالعہ کی علامت تھی۔ وہ اپنی زندگی میں فکر معاش سے آزاد تھے۔ اس آزادی کو انہوں نے مطالعہ کی غلامی میں تبدیل کر لیا تھا۔ ہر وقت مطالعہ، بے مطلب مطالعہ، مطالعہ کے لئے وہ رات جلد اٹھ بیٹھتے۔ لوگ لکھنے کے لئے پڑھتے ہیں، ریسرچ کے لئے پڑھتے ہیں، مگر نجم الثاقب شحنہ صرف پڑھنے کے لئے پڑھتے تھے، اور ایسا پڑھتے گویا ریسرچ کر رہے ہوں، ہر موضوع کو وہ ایسا ہی پڑھتے، ایک ایک لفظ پر ڈیرا ڈال رہے ہیں۔ بانج لفظوں کی جانچ پڑتال ہو رہی ہے۔ سوکھی زمینوں میں معنی کے بیج بوئے جا رہے ہیں۔ مطلب کی کاشت کی جا رہی ہے۔ مفاہیم کی فصل کاٹی جا رہی ہے۔ دوست احباب کو سنایا جا رہا ہے۔ ادبی مسائل پر بحثیں ہو رہی ہیں۔

یادگیر گلبرگہ کا ایک تعلقہ ہے، جہاں چھٹیوں میں ہم سب نانی ماں کے گھر جمع ہو جاتے، قریب ہی نجم الثاقب شحنہ یعنی بڑے ماموں جان کا گھر تھا، ہم نانی ماں کے گھر سے ناشتہ کر کے نکلتے، ڈرتے ڈرتے نجم الثاقب شحنہ کے گھر میں داخل ہوتے، زنان خانے میں داخل ہونے کے لئے نجم الثاقب شحنہ کی بیٹھک سے گزرنا پڑتا تھا۔ ہلکی سی چاپ بھی سنتے

تو آواز دیتے، کون ہے ؟ گرج دار آواز ہوتی، یوں ہم اندر جانے کی بجائے، مجرموں کی طرح ماموں جان کے سامنے کھڑے ہوتے۔ سب ہم عمر بچے ماموں جان سے بہت ڈرتے تھے۔ ان کی بڑی بڑی مسکراتی ہوئی آنکھیں، جن سے ذہانت ٹپکتی تھی، روشن چہرا، سفید با ل، اکثر سفید لباس، پاجامہ اور نہرو شرٹ پہنے، بڑی ٹیبل پر سامنے کئی کتابیں پھیلائے، متعدد قسم کے سوالات کرتے چلے جاتے، ہم ایک کا بھی جواب دے نہیں پاتے تھے۔ ان کی آنکھیں مسکرتی ہوتیں اور ہماری جھکی جھکی شرمندہ سی، پوچھنے سے شرم آتی تھی، ایسا نہیں تھا، بس ہر بچہ ان سے بچنے کی کوشش کرتا تھا، اور ہم بھی یہی کرتے تھے۔ بچپن کے دن بھی عجیب ہوتے ہیں۔ اس دور کا کیوں کیا اور کیسا اب سب کچھ مبہم ہو گیا ہے۔ نجم الثاقب شحنہ کے بارے میں سوچوں تو بسمل سعیدی کے الفاظ میں اب یہ حالت ہے۔

ان کی صورت کا تصور ہے اب اتنا مبہم
جیسے دیکھا نہ ہو آنکھوں نے سنا ہو ان کو

ہمارے یادگیر پہنچنے کی جیسے ہی ماموں جان کو اطلاع ملتی، وہ سابوا کو بھیجتے تھے۔ سا بوا ماموں جان کی وفادار کام والی کا نام تھا، جسے ہم اپنے بچپن سے دیکھ رہے تھے۔ تھوڑی دیر ہو جاتی تو سابوا پھر آتی۔ آپا جلدی آ۔۔۔ ابا جان یاد کر رہے ہیں۔ سابوا اپنے مخصوص لہجے میں کہتی۔ اس کے ساتھ ہی میں اور میری خالہ اختر شحنہ نکل پڑتے۔ خاندان کی خواتین میں، میری والدہ، (ثریا شحنہ) کے بعد مجھے اور اختر شحنہ کو ہی ادب سے دلچسپی تھی۔ میری والدہ کی ادبی دلچسپی ایک عمر کے بعد مذہبی دلچسپی میں بدل گئی تھی۔ یہ بات بڑے ماموں جان نے ہی مجھے بتائی تھی۔ ورنہ ہماری امی جان کو ہم ایک آمرہ کی حیثیت سے ہی دیکھ رہے تھے۔ جو مذہبی معاملات میں مفاہمت کرنے کسی قیمت پر تیار نہ ہوتی تھیں۔ ادب کی کوئی کتاب پڑھنے کو بھی تضیع اوقات سمجھتی تھیں۔

ادھر "مجبورا" کی آواز گونجی۔ ادھر مامی جان 'جی آئی' کہتے ہوئے، دیوان خانے کی جانب دوڑتیں، مامی جان کو ماموں جان ہمیشہ "مجبورا" کے نام سے ہی بلاتے تھے۔ مامی جان کا اصلی نام کیا ہے، مجھے اب بھی معلوم نہیں ہے، وہ ہم سب کی بڑی مامی جان تھیں، گھر میں مہمان نہ ہوں تو "مجبورا اور جی آئی جی" کی تکرار بار بار سنائی دیتی تھی۔ مامی جان ایک قابل، ہنر مند خاتون تھیں۔ کھانا لذیذ بناتی تھیں۔ اگر کوئی ایک وقت ان کے ہاتھ کا کھانا کھاتا تو دوبارہ کھانے کا انتظار کرتا۔

صرف مامی جان کا ہی نہیں، ماموں جان نے خاندان میں تقریباً بچوں کے ناموں کے علاوہ نام رکھے ہوئے تھے۔ وہ شمسیہ خالہ کو "نمو جی" کہتے، کسی کو "ٹی پی او" اور مجھے "ساعرہ" کہتے تھے، میری شاعرانہ فطرت کو دیکھ کر ایسا کہتے تھے، ایسی کوئی وجہ نہیں تھی۔ مطلب، بے مطلب بس سب بچوں کو ان کے دوسرے نام سے پکار رہے ہیں، چھیڑ رہے ہیں۔ محظوظ ہو رہے ہیں۔ گفتگو ہو رہی ہے۔ ادبی واقعات سنائے جا رہے ہیں۔ ادبی شخصیتوں سے متعلق، اشعار، واقعات، حادثات، چشمکیں، چپقلشیں اور نہ جانے کیا کیا؟ بچے ہیں کہ بور ہو رہے ہیں۔ ہم چاہتے ہیں کہ اندر جاکر میری بہنوں سے باتیں کریں، یا پھر ناول پڑھیں، ماموں جان ہیں کہ چھوڑنے کو تیار ہی نہیں ہیں۔ اختر خالہ کو ناول پڑھنے کا بہت شوق تھا،، اختر شحنہ میری ہم عمر، ہم جماعت ہیں، اور سگی خالہ بھی۔ ہم دونوں کو موقعہ ملتا تو کوئی ایک کتاب اٹھالیتے اور گھر کے کسی کونے میں بیٹھے رہتے، جب تک بھوک نہ لگتی ہم اٹھنے والوں میں سے نہیں تھے۔ ہم دونوں ہی خاندان میں اردو ادب سے دلچسپی رکھنے والی لڑکیاں تھیں۔ یوں تو سبھی گریجویٹ اور پوسٹ گریجویٹ تھے مگر ماموں کے پسندیدہ مضمون ادب سے دلچسپی نہیں تھی، اس لئے بھی شائد ماموں جان چاہتے تھے کہ گفتگو کے ذریعہ ہماری معلومات میں اضافہ کریں، لیکن جوانی کی عمر بھی کیا عمر ہوتی ہے۔ نہ

اچھے کی تمیز نہ برے کا ہوش، بس گاڑی ہے کی اوروں کی دیکھا دیکھی آگے بڑھتی جارہی ہے۔ دلچسپی ادب سے ہے اور ماموں جان سے ڈر بھی۔ یہ کیا بات ہوئی، مگر بات ایسی ہی تھی۔ ماموں جان نظم سنانے کو کہہ رہے ہیں اور ہم شرمارہے ہیں۔ ایک دن میرے غیاب میں اختر خالہ نے میری ایک نظم انھیں سنائی۔ نظم سن کر انھوں نے میرے استاد تنہا تماپوری کو خط لکھا کہ فوزیہ کی نظم سنی، نظم سے اچھی اٹھان کا اندازہ ہوتا ہے۔ اب تک میں فوزیہ کو ساعرہ کہتا تھا۔ آج انھیں شین کے تین نقطے عنایت کرتا ہوں۔ آج کے بعد سے فوزیہ کو میں شاعرہ کہوں گا۔ یہ آپ کی تربیت کا نتیجہ ہے۔ تنہا صاحب ہیں کہ سند کے طور پر سب کو خط دکھارہے ہیں، خوش ہو رہے ہیں۔ مجھے کہہ رہے ہیں، فوزیہ آپ کے ماموں جان نے یہ خط لکھا ہے، ایسے مت سمجھو، یہ ادب کی ہمارے علاقے کی قد اور شخصیت کا خط ہے۔ جن کا مطالعہ بے حد وسیع ہے۔ تمہاری نظم سن کر ان کا یہ کہنا، تمہارے لئے ہی نہیں، میرے لئے بھی ایک اعزاز ہے۔ آپ اس بات کو نہیں سمجھیں گی۔ سچ بھی یہی ہے کہ اس وقت ہمیں کچھ سمجھ میں نہیں آیا۔ بلکہ ہنسی آئی۔ بلا وجہ ہی۔ بات بے بات ہنسنے کے مرض میں مبتلا جو تھی۔

نجم الثاقب شحنہ پر چند باتیں لکھ کر ماموں جان کے دوست عبد الواحد چودھری یعنی میرے والد کو میں نے دکھایا، دونوں عثمانیہ یونورسٹی کے طالب علم اور دوست تھے۔ بہت دیر تک میرے والد آہ آہ کرتے رہے، میں نے استفسار کیا، کیا آپ ماموں جان کو اتنا زیادہ چاہتے تھے، تو میرے والد نے ایک پتے کی بات بتائی کہ ہر کوئی یہ سمجھتا تھا کہ نجم الثاقب شحنہ صرف اسی کو چاہتے ہیں۔ ہر ایک سے انکا برتاؤ ایسا پر تپاک ہوتا تھا۔ اور انھوں نے مجھے یہ بھی بتایا کہ زندگی میں آگے بڑھنے کے لئے اوروں سے گفتگو کا سلیقہ چاہئے، جیسا کہ ثاقب شحنہ میں تھا، نئ نسل میں یہ گر شاہد احمد چودھری میں ہے۔ جو

میرے بچوں کے بڑے ماموں ہیں۔

میں نے اور اختر خالہ کے علاوہ کئی ممیرے پچیرے بھائی بہنوں نے مل کر بڑے ماموں جان کی کتابوں کی فہرست تیار کی تھی۔ جوانی میں سات آٹھ دن بیٹھ کر رات دن کام کرنا جوئے شیر لانے سے کم نہ تھا۔ ماموں جان اپنی کتابوں کی بڑی حفاظت کرتے تھے۔ کتابوں کی فہرست بنا کر ہم نے ان کتابوں کو گوڈریج کے ریگوں میں جوڑ کر رکھا تھا۔ اب یہ کتابیں پڑھنے والا بھی کوئی نہیں ہے۔ کیونکہ سب بچے انگریزی میڈیم سے پڑھے ہوئے ہیں۔ اب انگریزی پڑھے لوگوں کو اپنے بزرگوں کی اردو کتابوں کی قدر و قیمت کیا معلوم؟ اب نہ وہ تہذیب ہے، نہ وہ تہذیب والے، سب انسان غائب، بس واقعات روشن ہیں، ان سے بھی روگردانی کی جائے تو پھر یہ صورتیں بھی غائب۔ بقول میر

وہ صورتیں الٰہی کس دیس بستیاں ہیں
اب جن کے دیکھنے کو آنکھیں ترستیاں ہیں

نجم السحر (ماموں کی بڑی بیٹی جو اب ان کتابوں کی مالک ہے۔) کو چاہئے کہ ماموں جان کے نام سے ایک لائبریری قائم کریں۔ یادگیر اب ویسے بھی تعلقہ سے ضلع بن چکا ہے۔ ان کتابوں کا صحیح مصرف یہی ہے۔ کرناٹک اردو اکادمی والوں نے اس سرمائے کو حاصل کرنا چاہا۔ نجم السحر کتابیں دینے کے لئے تیار نہیں ہوئیں۔ ان کی بات بھی صحیح تھی کہ جو اکاڈمی نجم الثاقب شحنہ کی تیار کردہ ایک ڈکشنری کی حفاظت نہ کر سکی ہو، وہ ان کے باپ کی دوسری کتابوں کی حفاظت کیا کرے گی، اس بات کی کیا گیارنٹی ہے۔ مگر سوچیں تو اس میں اکاڈمی کی کیا غلطی ہے؟ نجم الثاقب شحنہ کی ادارت میں محمود ایاز کے دور میں کنڑ اردو ڈکشنری کی تدوین ہوئی تھی۔ اس کام کے لئے نجم الثاقب شحنہ کا انتخاب ہوا تھا۔ انھوں نے ڈکشنری کا کام بخیر وخوبی انجام دیا۔ ڈکشنری شائع ہوئی، جس میں بحیثیت مدیر

نجم الثاقب شحنہ کا نام تھا، محمود ایاز صاحب کے بعد جب غفار شکیل اردو اکاڈمی کے چیر مین بنے، انھوں نے اس کی دوبارہ اشاعت کی اور نجم الثاقب شحنہ کی ادارت کو بدل کر، تھوڑی بہت تبدیلی کے بعد، ڈکشنری کو اپنے نام سے شائع کیا۔ اور یوں مرحوم ثاقب شحنہ کے کام پر اپنے نام کا چغہ چڑھا دیا۔ اس کی خرید و فروخت بھی ہونے لگی۔ (یہ ادبی دیانت داری کی مثالیں ہیں)۔ نہ کسی نے پوچھا نہ کسی نے اعتراض کیا۔ اب کون کس سے پوچھے؟ اکثر بڑے لوگوں کی کارستانیاں ایک جیسی ہوتی ہیں۔ لیکن جسے دکھ ہونا تھا سو ہوا۔ یوں کرناٹک اردو اکاڈمی کا وقار مٹی میں مل گیا۔ اور آگے آنے والی نسلوں کا بھروسا کرناٹک اردو اکاڈمی پر کیسے آئے؟۔۔ وہ اپنی کتابوں کا ذخیرہ اٹھا کر اس اکاڈمی کو کیسے دیں؟ ظاہر ہے نجم اسحر شحنہ (نجم الثاقب شحنہ کی بیٹی) نے بھی یہی کیا۔ نجم السحر تو مقدمہ دائر کرنے کا ارادہ بھی رکھتی تھیں۔ بعد کو معاملہ کیسے ٹھنڈا ہوا خدا جانے؟ میں تو سمجھتی ہوں، ایسے بد دیانت لوگوں کو اچھی سزا ملنی چاہئے۔ تا کہ آگے آنے والے ادیبوں میں کوئی ایسا کام کرنے کی جرات بھی نہ کر سکے۔ لیکن یہ کام کرے کون؟ ادارہ ء ادبیات اردو حیدر آباد والوں نے بھی نجم الثاقب شحنہ کی کتابوں کو حاصل کرنے کی کوشش کی۔ مگر ساری کوششیں ناکام رہیں۔ اب آگے ان کتابوں کا کیا ہو گا اللہ ہی بہتر جانتا ہے۔ کتابیں قوم کا بہترین سرمایا ہیں۔ کتابیں قوم کا ورثہ ہوتی ہیں۔ کتابیں صدیوں کا حافظہ ہوتی ہیں۔ کہتے ہیں کہ علم کو کوئی چرا نہیں سکتا۔ لیکن علم کی قدر، علم والا ہی کرتا ہے۔ زمانے کی ناقدری کا شکار ماموں جان کی کتابوں کا بس اللہ ہی حافظ۔ یادگیر والوں کی اب یہ ذمہ داری ہے کہ اس سرمائے کو ایک لائبریری کی شکل دیں۔ نجم السحر اس فیصلہ سے یقیناً انکار نہیں کریں گی۔

محمود ایاز، انل ٹھکر، خلیل مامون، احمد جلیس، عزیز اللہ بیگ، شائستہ یوسف، وحید

اختر، شاذ تمکنت، سلیمان اریب، انور معظم، جیلانی بانو، واجدہ تبسم، یوسف ناظم، سرینواس لاہوٹی، مخدوم محی الدین، راشد آذر، عزیز قیسی نہ جانے کتنے چہروں سے ہماری غائبانہ شناسائی تھی، اور اطراف و اکناف کے شعراء ادباء میں راہی قریشی، خمار قریشی، لئیق صلاح، فضل افضل، صابر فخر الدین، تنہا تماپوری، وہاب عندلیب، رزاق فاروقی، حامد اکمل، ڈاکٹر وحید انجم، اور بھی نہ جانے کون کون لوگ، بعض آ رہے ہیں، بعض کے یہاں یہ خود جا رہے ہیں۔ بعضوں سے خط و کتابت چل رہی ہے۔ بہر کیف بات چیت کا سلسلہ سفر ہو یا حضر ہمیشہ جاری رہتا۔ چھٹیوں میں یادگیر جاتے تو ماموں جان کے یہاں گھنٹوں ادیبوں اور شاعروں پر سنتے سنتے ہم ان ناموں سے مانوس ہو جاتے، اس کی ایک مثال دیتی ہوں۔ جنوری 1990ء میں میری شادی ہوئی، میں بنگلور آگئی تو میں اپنے شوہر کے ساتھ شائستہ یوسف صاحبہ سے ملنے چلی گئی۔ مجھے ایسا نہیں لگا کہ میں کسی اجنبی شاعرہ سے ملنے جا رہی ہوں۔ میرے شوہر واجد چاہتے تھے کہ ماموں جان کے نام کا حوالہ دے کر تعارف کروائیں، لیکن میں نے منع کیا، اسی طرح محمود ایاز سے ملاقات ہوئی۔ ماموں جان نے خود ان کا حوالہ دینے کو کہا تھا، لیکن میں نے نہیں دیا۔ محمود ایاز صاحب سے مجھے قطعی اجنبیت نہیں محسوس ہوئی۔ (میں نے اپنی اس ملاقات کا ذکر محمود ایاز پر لکھے خاکہ میں کیا ہے) بعد کو ماموں جان نے شائد ذکر کیا کہ میری بھانجی آپ سے ملنے آئی تھی، ریسرچ کے سلسلے میں، آپ سے بات کرنا چاہتی تھی۔ یوں محمود ایاز صاحب کو پتہ چلا کہ میں شحنہ کی بھانجی ہوں، تو انھوں نے خود فون کیا، اور کہا تھا، فوزیہ۔۔۔ آپ نے شحنہ کا حوالہ کیوں نہیں دیا تھا؟ جو زندگی بھر علم بانٹتا رہا ہے اس کا حوالہ دے کر علم مانگنے جاؤں، مجھے اچھا نہیں لگا، اور میں اپنی نظر سے دیکھنا بھی چاہتی تھی کہ محمود ایاز کی شخصیت کیسی ہے؟ حوالوں کے ساتھ جائیں تو حقیقت کا پتہ تھوڑی چلتا ہے۔ شائستہ صاحبہ بھی مجھے نہیں

پہچانتی تھیں، لیکن میں انھیں اچھی طرح سے پہچانتی تھی۔ ان کے شعر برسوں سے ماموں جان کی زبانی سن رہی تھی۔ حمید الماس صاحب سے بھی میری غائبانہ دوستی تھی۔ غرض ایسی ادبی شناسائی کا ایک اہم ذریعہ ،ماموں جان کی باتیں اور ان کی کتابیں تھیں۔

ایک مرتبہ ماموں جان گلبرگہ آئے، ہمارے یم اے فائنل کے امتحانات قریب تھے، اختر خالہ اور میں ہاسٹل میں رہتے تھے،، سارادن شعرا ادبا اور دوست واحباب سے ملتے، رات کو پرشانت ہوٹل میں ٹھہر جاتے، ماموں جان چونکہ اس دن لئیق صلاح صاحبہ سے ملنا چاہتے تھے، اس لئے ہمیں بھی ساتھ لینا چاہتے تھے، اختر خالہ جانا چاہتی تھیں، مجھے بھی مجبوراً چلنا پڑا، مجبورا نے توشہ باندھا ہے کچھ کھالیں، میں اور اختر خالہ نے ہاسٹل کے روز مرہ کھانے سے ہٹ کر مجبورا امی کے ہاتھوں کا بنایا ہوا، لذیذ کھانا کھایا۔ ماموں جان آٹو میں انتظار کرتے رہے۔ اس دن جو ادیبوں دوستوں سے ملاقات کا سلسلہ چل پڑا، شام ہونے آئی تب کہیں لئیق صلاح صاحبہ سے ملاقات کی باری آئی، ہمارے سروں پر امتحان کا ڈر، اوپر سے ادیبوں کی ہاہاہو ہو اور، شعرا کی لن ترانیاں، اس وقت اتنی بری لگیں کہ میں کیا بتاؤں، ماموں جان میری کیفیت بھانپ رہے تھے، بس اب چلتے ہیں ہاں، کہتے جاتے لیکن اٹھنے کا نام نہ لیتے، وہ لئیق صلاح صاحبہ سے اکاڈمی کے رسالہ فصیل کے کسی شمارے کے سلسلے میں گفتگو کرتے رہے، میرے چہرے سے میری بے چینی مترشح تھی۔ مجھے اس دن لگا کہ یہ ادباء و شعرا حضرات اپنا وقت کس حد تک ادب و زبان کے لئے وقف کرتے ہیں۔ تبھی تو زبان و ادب کا دھارا آگے بڑھتا ہے۔ میں نے تھک کر کہا تھا۔ ماموں جان آپ گھڑی باندھتے ہیں، دیکھتے نہیں ہیں۔ حالانکہ یہ بے ادبی تھی لیکن انھوں نے کچھ نہیں کہا، صرف بڑی بڑی آنکھوں سے مسکراتے رہے۔ آٹو سے اترے تو اللہ خیر کرے۔ جان بچی۔ ارے بھئی " مجبورا " نے شام کے لئے بھی ایک توشہ دیا ہے۔ آپ دونوں یہ

لے لیجئے۔ ہاسٹل کے ذائقہ کو میں جانتا ہوں، [اچھا۔۔ میرے منہ سے نکلا، میرے ابا جان بتاتے کہ جن دنوں صرف بیس پچیس روپوں میں کام چلتا تھا نجم الثاقب شحنہ نانا جان سے تین سو روپے منگاتے تھے۔ جبکہ میرے ابا جان کو اتنی رقم جٹانے کے لئے پارٹ ٹائیم کام کرنا پڑتا تھا۔ اور امی جان کہتی ہیں کہ ثاقب شحنہ ہر ماہ زائد رقم کے لئے اتنا خوبصورت خط لکھتے کہ نانا جان منہ مانگی رقم بھیجتے اور دوسرا خط آنے تک بڑے بیٹے کا پہلا خط پڑھ پڑھ کر خوش ہوتے۔] مگر آپ کیا کھائیں گے ؟ہم دونوں کی زبان سے نکلا۔ ہوٹل میں میرا انتظام ہے۔ ہم لینے کو تیار نہیں تھے اور وہ چھوڑنے کو تیار نہیں تھے۔

ماموں جان دن کو ہاتھ نہیں لگاتے تھے، اور رات کو ہاتھ سے جانے نہیں دیتے تھے، تھک ہار کر ہم نے توشہ لے لیا۔ مجبوراً کھانا پڑا، واہ کیا لذیذ کھانا بناتی ہیں ہماری مجبورا مامی بھی۔ زندگی بھر ایسی لذیذ غذا کھانے کی مجبوری ملے تو انسان شوق سے قبولے۔ کہتے ہیں کہ عصری حسیت سے لبریز ماموں جان ایک دن ایک حسینہ کو اپنے گھر لائے تھے، گھر والوں نے حسینہ کی بڑی خاطر مدارت کی، اس کے بعد نانا جان حسینہ کو ان کے گھر پوری عزت کے ساتھ چھوڑ آئے۔ ایک وہ دن تھا اور نجم الثاقب شحنہ کی زندگی کا آخری دن مامی جان خواہ مخواہ "مجبورا" بن گئیں۔

ایک دن ایک جنتری ان کے سرہانے لگائی گئی، جس پر لکھا تھا" نماز پڑھو اس سے قبل کہ تمہاری نماز پڑھی جائے" ساری رات سو نہیں پائے اور صبح اس جنتری کو سراہنے سے نکال دیا۔ خدا کا خوف اندر سے بہت تھا۔" کل جو مسجد میں جا پھنسا مومن۔۔ رات کاٹی خدا خدا کر کے "والا معاملا نہیں تھا، خوف خدا بظاہر نظر نہیں آتا تھا۔ ہائے رے بے خبر انسان کی درون باخبری، کہ ایک پل کو بھی چھوٹ نہیں۔

مطالعہ کا انہاک، کردار آئینہ، بات بڑوں میں شریف، بچوں میں ظریف، مشاہدہ

کم، تجربہ اس سے بھی کم، مگر مطالعہ حد سے زیادہ، مجھے کبھی کبھی ماموں جان اس دنیا کے نہیں خوابوں اور خیالوں کی دنیا کے لگتے تھے۔ سماجیات سے شائد یم اے کیا تھا، یم اے کے بعد یادگیر کالج میں چند ماہ لیکچرار کے فرائض انجام دئے۔ کہتے تھے کہ لیکچر دینے سے تالو میں جلن ہوتی ہے، دماغ کی خشکی دور کرنے، جتنے دن نوکری کی اس سے زیادہ دن بادام کا ہریرہ اور دیگر دواؤں کا استعمال کرتے رہے، ناز و نعم سے پلے بڑھے تھے۔ محنت و مشقت کے عادی نہیں تھے۔ تصنع، بناوٹ، خود غرضی، مکر فریب جیسے الفاظ ثاقب شحنہ کی زندگی میں اپنا معنی کھو چکے تھے۔

ان کی شخصیت کی امتیازی خصوصیت کیا تھی؟ تہہ در تہہ ان کی شخصیت کیسی تھی؟ یہ راز تو صرف انھیں معلوم، ہم تو صرف اتنا ہی جانتے ہیں جتنا آنکھ اور کان میں سما سکتا ہے۔ یہ بھی اپنی جگہ صحیح ہے کہ آنکھ کان کی دنیا سے کئی گنا وسیع ہوتی ہے شخصیت کی دنیا، بلکہ دنیائیں۔ کیا ان کی زندگی ایک بے معنی زندگی تھی؟ جس کے ازالے کے لئے مطالعہ کو ہتھیار بنایا گیا تھا اور دوست نوازی اختیار کی گئی تھی۔ آج یادوں کے جگنو ساتھ ہیں۔ تو ساتھ میں نسیان نے گہرے سائے پھیلائے ہیں۔

کسی شخصیت کی انسان مکمل جھلک دکھلا نہیں سکتا۔ اگر دعویٰ کرتا ہے تو بودہ ہے، بہر کیف نجم الثاقب شحنہ کی شخصیت علم بٹورنے اور علم بانٹنے تک محدود ہو گئی تھی۔ کمر جھک گئی تھی۔ جھک کر چلتے تھے۔ جسمانی اور شخصی دونوں سطح پر انکساری ظاہر ہوتی تھی۔ اصول پسند اتنے کہ اپنی بیٹی کے تقرر کے لئے کبھی یادگیر کے سیاست داں وشواناتھ ریڈی منسٹر سے سفارش نہیں کروا سکے، بڑا بیٹا نجم الحق اصرار کرتا رہا لیکن کبھی انل ٹھکر سے کہہ کر گانا گانے کا کوئی پراجیکٹ دلوا نہیں سکے، دوست واحباب تنگ کرتے کہ محمود ایاز سے کہہ کر مسودوں کی منظوری دلوائی جائے، لیکن ماموں جان خاموشی اختیار کرتے،

ایک مرتبہ گلبرگہ کے شاعر خمار قریشی نے راز سے کہا کہ مسودہ اکاڈمی میں ایوارڈ کے لئے داخل کیا ہے۔ مجھے شرم آتی رہی، لیکن جی کڑا کر کے میں اور اختر خالہ نے ماموں جان سے ذکر کیا۔ سفارش نہیں کی تھی۔ وہ خود ہی بات کو سمجھ گئے اور کہا خمار کو کسی سفارش کی ضرورت نہیں ہے، اور بلا کسی سفارش کے ان کی کتاب منتخب بھی ہوئی۔ محمود ایاز صاحب کی ایک دعوت کا ذکر کیا کہ دو آدمیوں کی دعوت کے لئے ایک بھنے ہوئے بکرے کا آڈر دیا تھا۔ ساتھ میں کہا کہ بڑا دلدار اور فیاض شخص تھا، میری زبان سے نکلا، ماموں جان، اگر یہ دلداری اور فیاضی ہے تو پھر اصراف کسے کہتے ہیں؟ تیر نشانے پر لگا، مگر اختر خالہ کو میرا سوال پسند نہ آیا۔

ماموں جان ہمیشہ ڈائری لکھا کرتے تھے۔ ایک مرتبہ میں اور اختر خالہ نے ڈائری پڑھنے کی خواہش ظاہر کی۔ تو کہا۔ پڑھنا مگر اب نہیں، میرے مرنے کے بعد، اسے اور کون پڑھے گا؟ آپ دونوں کو ہی پڑھنا ہے۔ اختر شحنہ تو شادی کے بعد حیدر آباد منتقل ہو گئیں اور میں بنگلور۔ اب ان کی ڈائریاں نہ جانے کہاں ہیں۔ اب ان پر لکھے تو کون لکھے۔ اب ان کو کوئی پڑھے تو کیسے؟ بلکہ ان کا پڑھنے والا ہی نہیں ہے۔ زندگی اور موت کا کھیل بھی بڑا عجیب ہے۔ انسان سوچتا کچھ اور ہے۔ انسان کی زندگی میں ہوتا کچھ اور ہے۔ انسان کی زندگی میں آگے کیا ہونے والا ہے اگر پہلے سے معلوم ہو تو، ایک دن کی زندگی بھی ہم سے ہو نہ پائے۔

میری پہلی کتاب پڑھ کر میری استاد بشیر آپا (نجم الثاقب شحنہ کے دوست اور کالج کے ساتھی منیر پاشا کی اہلیہ) نے مجھے مبارک باد دی اور کہا فوزیہ۔ آپ نے اپنی امی جان کے ماموں اعجاز تماپوری پر خاکہ لکھا ہے، بھئی اپنے ماموں جان نجم الثاقب شحنہ پر بھی

لکھو۔بڑی قابل شخصیت تھی۔ نجم الثاقب شحنہ تواس علاقے کے لئے نابغہ روز گار شخص تھے۔اجول، منور، حقیقی معنی میں نابغہ روز گار،نور علی نور جیسی علمی شخصیت کی شفقت کو کھو کر یہ احساس ہوتا ہے کہ کاش آج ماموں جان زندہ ہوتے۔۔کاش ایسا ہوتا۔

ع ایسا کہاں سے لاؤں کہ تجھ سا کہوں جسے

عظیم الدین عظیم : ایک خاکہ

عظیم الدین عظیم اپنے نام کی طرح عظیم شخص کا نام ہے۔ میں ان کی عظمت کا پتا ان کے چشمے سے لگاتی ہوں۔ جس شخص کے چشمے کا نمبر جتنا بڑا ہوگا، وہ شخص اتنا ہی عظیم ہوگا۔ کیونکہ چشمہ انسان ہی لگاتے ہیں۔ انسانوں اور حیوانوں کے درمیان چشمہ حد فاصل ہے۔ میں وثوق سے کہہ سکتی ہوں کہ عظیم صاحب گھانس نہیں کھاتے، کیونکہ گھانس کھانے والوں کو چشمہ نہیں لگتا۔ میں نے آج تک جانوروں کو چشمہ لگائے نہیں دیکھا ہے۔ اس کی وجہ صرف یہ ہے کہ وہ گھاس کھاتے ہیں۔ گوشت نہیں کھاتے۔ خیر گھاس کھائیں یا کچھ اور، لیکن گھوس کھاتے تھے یا نہیں، ان سے یہ پوچھنے کی جرات کسی میں نہیں ہے۔ کیونکہ سبھی گھونسوں سے ڈرتے ہیں۔ گھونسوں کی بات یوں بھی صحیح ہے کہ ادیبوں کے قلم میں آواز نہیں ہوتی، صرف مار ہوتی ہے۔

عظیم صاحب صوم وصلاۃ کے پابند آدمی ہیں۔ زندگی میں جھوٹ سے توبہ کی تو "خدا جھوٹ نہ بلوائے" کتاب شائع کی اور مفت تقسیم کروائی۔ تقسیم کی اجرت کے طور پر فی کتاب سو روپے لئے گئے۔ خدا جھوٹ نہ بلوائے کی اشاعت کے بعد عظیم صاحب نے سچ کا کاروبار شروع کیا۔ یہ جانے بغیر کہ یہ گھاٹے کا سودا ہے۔ آخر اتنے حادثے کمائے کہ سچ سے بھی توبہ کی۔ اور اعلان کیا۔ "خدا سچ نہ بلوائے" یہ ان کی دوسری مزاحیہ کتاب ہے۔ جو مفت ہے۔ کتاب کی خریداری پر ہر خریدار کو عظیم صاحب اپنی طرف سے ایک روپیہ بھی ادا کریں گے۔ بشرطیکہ ہر خریدار ایک روپے کے ساتھ ساتھ دو صفر بھی لوٹائے۔ جھوٹ اور سچ سے توبہ کرنے کے بعد عظیم صاحب آگے کیا کریں گے، اس کی اطلاع

شائد ان کی اگلی کتاب سے ملے گی۔ فی الحال کوئی اطلاع نہیں ہے۔

عظیم صاحب مزاح کو نظر انداز کر سکتے ہیں نہ مزاح عظیم صاحب کو نظر انداز کر سکتا ہے۔ دونوں کے درمیان گہرا رشتہ ہے۔ اس رشتہ کو عرف عام میں " کھجلی " کہتے ہیں۔ مزاح کی کھجلی عظیم صاحب کو ہوتی ہے۔ اور ان کے احباب کھجاتے رہ جاتے ہیں۔ ادبی حلقے میں عظیم صاحب نے کئی احباب کو ہنسی ہنسی میں کھجانے پر مامور کیا ہے۔ جیسے میری کتاب " مہربان کیسے کیسے " شائع ہوئی تو عظیم صاحب کو کھجلی ہوئی اور انھوں نے مضمون لکھا۔ ان کا مضمون "ففا فوزیہ " نظر سے گزرا تو میں سر کھجاتی رہ گئی۔

عظیم صاحب مزاح پر ہی نہیں مزاح نگار مجتبیٰ حسین پر بھی فدا ہیں۔ مگر شعوری طور پر صندل کے اسمگلر ویرپن سے زیادہ قریب ہیں۔ ویرپن سے متعلق پانچ مضامین لکھے ہیں۔ اور مردم شناس مجتبیٰ سے متعلق صرف ایک۔ اس کی وجہ ویرپن اور عظیم الدین عظیم کی مماثلت ہے۔ وہ ماہر جنگلات تھا۔ اور یہ ماہر ارضیات ہیں۔ زمین اور جنگل میں اٹوٹ رشتہ ہے۔ عظیم صاحب کی ویرپن سے دلچسپی کا باعث یہی ایک وجہ نظر آتی ہے۔ لوگ مزاح پڑھتے ہیں تو رونا چھوڑ دیتے ہیں۔ عظیم صاحب نے مزاح لکھنے کے لئے نان و تیج چھوڑا ہے۔ وہ سمجھتے ہیں کہ انسان نان و تیج کھا کر مزاح نگار نہیں بن سکتا۔ اس لئے چارہ کھانے لگے ہیں۔ کردار پلاؤ باشا کا خالق گھانس پھونس کھائے، یہ کچھ اچھا نہیں لگتا۔ بلکہ ہضم نہیں ہوتا، عظیم صاحب ڈھنگ سے چارہ بھی نہیں کھاتے، ورنہ سیاست دانوں کی طرح اعلی پیمانے پر کھاتے تو میڈیا میں ہوتے۔ اور ضرور ہوتے۔ مگر میڈیا میں رہنے کا عظیم صاحب کا اپنا الگ ڈھنگ ہے۔ جیسے اردو اکادمی کے اراکین کو اچھالا۔ کبھی پوسٹ ماسٹر کو کھنگالا، کسی کے ٹانگ اڑائی۔ یہ اور اس جیسے کئی کام وہ ہنستے ہنستے اعلی ظرفی سے طے کرتے ہیں۔ کم ظرف تلملاتے رہ جاتے ہیں۔

خدا جھوٹ نہ بلوائے عظیم صاحب بزم خوش دلان بنگلور کے حقیقی بانی ہیں۔ (کیونکہ ان کے سابقہ خاص دوست اس بات کی نفی بھی کرتے ہیں) خوش دلان "زندہ دلان حیدرآباد کی طرح بنگلوری مزاح نگاروں کی انجمن ہے۔ طنز، ہنسی، قہقہہ، چٹکا، اور ظرافت وغیرہ کا مزاحیہ اردو ادب میں پہلے سے رواج تھا۔ خوش دلان فکر مند تھے کہ کس قسم کے مزاح کی بنیاد ڈالی جائے۔؟ عرق ریزی کے بعد یہ طے پایا کہ "سنجیدہ مزاح" کی بنیاد رکھی جائے۔ کیونکہ اکثر اراکین مجلس ادب میں لیٹ کمرس کی حیثیت رکھتے ہیں۔ اس لئے سنجیدہ مزاح کا فروغ ان کا نصب العین ٹھہرا۔ ہر ماہ کے آخری اتوار کو یہ اراکین ملتے ہیں۔ وجہ سیدھی سادی ہے۔ اول تو یہ لوگ سنجیدہ طبع ہیں۔ ظاہر ہے ہر ماہ کے آخری ہفتہ میں راشن پانی کی تنگی ہوتی ہے، وظیفوں کا انتظار ہوتا ہے۔ سنجیدگی سے ان بزرگوں نے طے کیا کہ مل جل کر گرانیِ دوراں اور گرمیِ جاناں کا تذکرہ ہو۔ یہ ایک دانشمندانہ فیصلہ ہے۔ انفرادی کام سے اجتماعی کام بہتر ہوتے ہیں۔ اس سے اتحاد اور اتفاق کا مظاہرہ بھی ہوتا ہے۔ بھائی نااتفاقی ہمارے اپنے گھر کی بات ہے۔ دوسروں پر ظاہر کرنا کیا ضروری ہے؟

پہلے پہل لوگ کم کم آتے تھے۔ اب جوق در جوق آرہے ہیں۔ ہر آدمی اپنے ساتھ چند شعر یا ایک آدھ مضمون ضرور لاتا ہے۔ خود کے تخلیق کردہ اشعار کی کوئی قید نہیں ہے۔ اس محفل میں کسی کے بھی اشعار چل سکتے ہیں، بلکہ دوڑ سکتے ہیں (بشرطیکہ مزاح کی آمیزش نہ ہو)، میر، غالب، اور اقبال کے شعر موزوں یاد نہ ہوں نہ سہی۔ موزونیت پر مزاح کب جنم لیتا ہے، طنز و مزاح کے لئے ناموزونیت ضروری ہے۔ اعلی مزاح کے لئے یہی شرط اولیں ہے۔ اس شرط کی بھرپائی کے لئے اجازت دی گئی ہے کہ جس کے جی میں جو آئے پڑھتا جائے۔ پڑھنا نہ آئے، خود کا لکھا مزاح پڑھنے سے شرم آئے تو اپنے منتخب

کردہ اشعار یا مضامین کو دوسروں کے ذریعہ پڑھوائے۔ مگر پڑھنے سے قبل، منتخب کردہ ادیب و شاعر کا نام ادب سے، ایمان داری سے ظاہر کرتے ہیں۔ خوش دلان کے سامعین باذوق ہیں۔ مزاحیہ ادب کو کامل سنجیدگی سے سنتے ہیں۔ سر دھنتے ہیں۔ قہقہ لگانے کی بے ادبی کبھی نہیں کرتے، مرحومین کے اشعار پر خوب داد ملتی ہے۔ پڑھنے والے بھی مرحومین شعرا کی جانب سے سامعین کی خدمت میں فرشی سلام عرض کرتے ہیں۔ داد دینا اور لینا آخر کو ہماری زبان کی ادبی روایت ہے۔ روایتوں کا پاس و لحاظ ان زندہ طبع اور سنجیدہ وضع حضرات کا خاصہ ہے۔ ہاں کبھی کبھی کسی منچلے کا دل شعر دوبارہ سننا چاہے تو وہ "مکرر ارشاد" کی بجائے مقرر، مقرر کہہ کر صدائیں لگاتا ہے۔ یہ لفظ کبھی زیر سے ہوتا ہے۔ کبھی زبر سے ہوتا ہے۔ دونوں صورتوں میں یہ لفظ صحیح ہوتا ہے۔ مقرر لفظ اگر زبر سے ہے تو اس کا مطلب ہے کہ عظیم صاحب نے نظم قبل وقت پڑھنے کے لئے اس کا تقرر کیا ہے۔ دوم، لطیف و نازک اشعار کی قرات شعلہ بیانی سے ادا کرتے ہوئے یہاں مقرر بھی ملیں گے۔

سامعین کی حیثیت سے شرکاء خوش دلان نے کئی تجربات کئے ہیں۔ ان میں ایک اہم تجربہ جو میں نے کیا ہے۔ وہ یہ کہ شعر کی قرات بھی مقرر کی طرح ہو سکتی ہے۔ اور سنجیدہ مضامین کو کسی خوش گلو شاعرہ کے ترنم میں بھی پیش کیا جا سکتا ہے۔ یہ صرف پیش کرنے والے پر منحصر ہے کہ وہ کیا چیز پیش کر رہا ہے۔ اور چیز کو کس طرح پیش کر رہا ہے۔

خوش دلان کے سامعین ہندوستان کی معصوم جنتا کی طرح ہیں۔، جو سنائیں گے سن لیں گے۔ سماعت کے اس جذبہ ء صادق کے پیچھے عظیم صاحب کا جذبہ ء عظیم کار فرما ہے۔ کیونکہ عظیم صاحب خوش خلقی سے ہر طرح کے مزاح کو جذب کرتے ہیں۔ مزاح میں مزاح کا ہونا شرط نہیں ہے۔ جذب کرنا ضروری ہے۔ جذب کرتے کرتے اب عرض

کرنے لگے ہیں۔ ایک وقت عرض کریں تو ٹھیک ہے۔ کبھی دو، کبھی تین بار شوق فرمانے سے بھی نہیں چوکتے۔ کسی انجمن کے بانی میں ایسا جذبہ ء ترسیل موجود ہو تو سامعین کیونکر پیچھے رہ سکتے ہیں۔ نقش قدم پر چلتے ہوئے دوسرے بھی مکرر ارشاد کیا ہے، پر عمل پیرا ہوتے ہیں، خیر بات عظیم صاحب سے چلی تھی، خوش دلان کی محفلوں کے تذکرہ پر آکر اٹک گئی۔ خوش دلان کا ذکر ہو اور عظیم صاحب کا ذکر نا آئے، یہ کیونکر ممکن ہے۔ دونوں لازم وملزوم ہیں۔ ادبی تاریخ میں جب بھی خوش دلان کا ذکر آئے گا۔ محقق عظیم صاحب کا نام نہیں بھولے گا۔ اور جب عظیم الدین عظیم کی بات ہو گی تو خوش دلان کا تذکرہ ضرور ہو گا۔ دونوں کا چولی دامن کا ساتھ ہے۔ اسے ناخن گوشت کا ساتھ بھی کہتے ہیں۔ ایسا ساتھ عظیم الدین عظیم کا جس کے ساتھ ہونا چاہئے تھا وہ ہیں محترمہ میمونہ عظیم۔ میمونہ عظیم ایک ڈاکٹر ہیں۔ آپریشن کرنے کے علاوہ کچن میں چکن اور ترکاریوں کو ڈیتھ سرٹیفکٹ دینے میں مصروف رہتی ہیں۔ اسی مصروفیت نے عظیم صاحب کو فرصت بخشی ہے۔ عظیم صاحب اپنی بیوی کی بخشی ہوئی فرصت کا صحیح استعمال کر رہے ہیں۔

خوش دلان کے جلسے پہلے شیواجی نگر میں ہوتے تھے۔ عبد الرزاق اور راشد مکی صاحب نے کرسنٹ اسکول میں کرنے کی اجازت دی۔ اجازت ملتے ہی عظیم صاحب، نفیس امرائڈری کا بیانر اور قدوسی صاحب کا عنایت کردہ مائیک سیٹ، (جو خوش دلان کا کل سرمایا ہے،) اٹھا کر چل پڑے، اور یوں خوش دلان کے پروگرام کرسنٹ میں ہونے لگے۔ کرسنٹ میں ڈیرہ جمایا ہی تھا کہ ان جوگیوں پر پھر آفت سماوی کی طرح آفت سماجی آن پڑی۔ وہاں سے بھی اپنی کل کائنات لئے عظیم صاحب چل پڑے۔ لاکھ چوکے چھکے لگائیں، عظیم صاحب خود چھوت بدل رہے ہیں،۔ ظرافت کی آنچ لئے در در پھر رہے ہیں۔ اس میں بھی ان کی عظمت کے پہلو نکلتے ہیں۔ لوگوں سے زیادہ عظیم صاحب اس راز

سے واقف ہیں۔ تبھی تو ٹس سے مس نہیں ہوتے۔ بس پھرتے جارہے ہیں۔ خود بکھر رہے ہیں۔ مزاح بکھرا رہے ہیں۔

سنا ہے کہ کرسنٹ میں "کچھ ہوا" اب کرسنٹ میں کیا ہوا، کیا کچھ نہیں ہوا، یہ ایک لمبی تاریخ ہے۔ جو ابھی غیر مستند ہے، مستند تاریخ میری نظر سے نہیں گزری۔ ظرافت کے چوکوں اور چھکوں میں درج ہوئی ہوگی، لیکن میری نظر سے نہیں گزری۔ لہذا میں تاریخ کی سند لئے بنا کیسے کہہ سکتی ہوں۔ مجھے بھی تو اپنی سلامتی مقصود ہے۔ ہو سکتا ہے ساری باتیں چوکوں چھکوں میں آئی ہوں، میں عورت ہوں، عورت کا مطالعہ بھی کوئی مطالعہ ہے۔ ہانڈی میں ڈوئی ہلاتے ہلاتے کچھ پڑھا، آنگن میں جھاڑو لگاتے لگاتے کچھ سوچا، موضوع بدلنے کا ڈر ہے۔ بہتر ہے اپنے موضوع پر آتے ہیں۔ ہاں تو میں کہہ رہی تھی، چوکوں اور چھکوں سے متعلق۔ چوکے اور چھکے عظیم صاحب کا پسندیدہ کالم ہے۔ اس کالم کے ذریعہ عظیم صاحب نے بالنگ اور بیاٹنگ کے وہ شاندار مظاہرے کئے ہیں، کہ لوگ بھی اس میں دلچسپی لینے لگے ہیں۔ عظیم صاحب پھینک رہے ہیں لوگ کیچ کر رہے ہیں۔ کبھی دوست واحباب پھینک رہے ہیں اور عظیم صاحب کیچ کر رہے ہیں۔ یہ کرکٹ کا مظاہرہ ابھی پاکستان انڈیا کا مظاہرہ بننے میں کچھ کسر باقی ہے۔ ورنہ بزم آرائیوں کو رزم آرائیوں میں تبدیل ہونے میں کتنا وقت لگتا ہے۔ مگر یہ سچ ہے کہ اس دین لین سے محفل کی رونق برقرار ہے۔

ع اک ہنگامے پہ موقوف ہے گھر کی رونق

عظیم صاحب اس عمر میں کرکٹ جیسے موذی مرض میں کیوں مبتلا ہوئے ؟ ارے گلی ڈنڈا کھیلا جا سکتا ہے۔ شوق سے کبڈی کھیلی جا سکتی ہے۔ کشتی بھی ہندوستانیوں میں زمانہ قدیم سے جاری ہے۔ چکار کھیل سکتے ہیں۔ کوڑیاں بھی کھیلی جا سکتی ہیں۔ یہ اجاڑ پھینکنے

پکڑنے کا کھیل کھیلنا ہی ضروری تھوڑی تھا؟ خیر اس کھیل میں عظیم صاحب ترقی کرتے کرتے اونچی چوٹی پر پہنچیں۔ ہمیں خوشی ہو گی اگر عظیم صاحب مزاحیہ ادب کے چوکا چھکا ماسٹر کہلائیں۔ اس کھیل کا انجام آخر سونامی جھٹکوں پر ختم ہوتا ہے نا؟ ان جھٹکوں سے زندگی ختم نہیں ہوتی۔ از سرِ نو بستی ہے۔

آج کل خوش دلوں کا ادبی بسیرہ بسم اللہ نگر کے بی ای ٹی کے کسی کالج میں ہے۔ یہ ہمارے گھر سے بہت دور ہے۔ مجھے کئی دوماہی محفلوں میں جانا نہیں ہوا۔ اس وقفے میں کئی ظرافت چھپے اور اجرا ہوئے۔ ایک دن نیشنل پرنٹر کے دفتر میں ہنستے ہنستے عظیم صاحب نے چوکا مارا۔ پریس میں میں غبارہ (بچوں کا دوماہی رسالہ بنگلور کرناٹک) کی اور موصوف "ظرافت" (خوش دلان کرناٹک کا ترجمان اردو کا مزاحیہ دوماہی رسالہ بنگلور کرناٹک) کی پرنٹنگ کے لئے بیٹھے تھے۔ فوزیہ صاحبہ آپ کئی ماہ سے ظرافت کے اجراء میں اور خوش دلان کے فنکشن میں نہیں آئی ہیں۔ میں چاہتا ہوں کہ اس مرتبہ جو خوش دلان کے جلسے میں نہیں آئے گا، اس کا نام ظرافت کی فہرست سے اور خوش دلان کی لسٹ سے نکال دوں گا۔ یہ کوئی نیا کام نہیں ہے۔ " آپ اس کے ماہر ہیں، جو چاہیں کریں، " میں کہنے کو کہہ گئی، لیکن مجھے چوکے اور چھکے کا بڑا ڈر تھا۔ گرتے پڑتے کرکٹ کے گیند کی طرح، میں اور واجد صاحب بسم اللہ نگر کے بی ای ٹی کالج پہنچے۔ اس محفل میں ظرافت کا کوئی نیا شمارہ بے نقاب ہونے جا رہا تھا۔ شمیم علیم صاحبہ، جو مزاح نگار ہیں، مہمان خصوصی تھیں۔ حسب سابق ڈاکٹر حلیمہ فردوس جاہ صدارت پر جلوہ افروز تھیں۔ مائیک ملنسار نے سنبھالا ہوا تھا۔ محترم سید بشیر احمد اور شاکرہ بیگم صبا صاحبہ، منجو وینکٹ اور شیو نارائن میرے سامنے کی کرسی پر براجمان تھے۔ بشیر صاحب نے یکایک پلٹ کر کہا۔ فوزیہ صاحبہ آپ کو پتا ہے ؟ میمونہ عظیم صاحبہ نے عظیم صاحب کو چھوڑ دیا ہے۔ میرے منہ سے "ہائے اللہ" کے

علاوہ کچھ نہیں نکلا۔ میں کئی مہینوں سے اس محفل میں نہیں آئی تھی۔ میرے غیاب میں کیا سے کیا ہو گیا، مجھے پتہ بھی نا چلا۔ کسی نے کچھ کہا بھی نہیں، اور یہ باتیں کوئی بتائے بھی تو کیا کہہ کر بتائے ؟ طلاق کب ہوئی ؟ میں نے بہت آہستگی سے پوچھا۔ اجی طلاق کہاں کی، انھوں نے تو خلع لیا ہے۔ "ہائے اللہ" اب آپ ہی دیکھو، ہر کوئی اپنے اپنے جوڑے کے ساتھ ہے۔ ملنسار حلیمہ فردوس کے ساتھ ہے۔ فوزیہ آپ واجد کے ساتھ ہیں۔ میں شاکرہ کے ساتھ ہوں۔ فریدہ ہمیشہ اپنی بہن کے ساتھ آتی ہیں۔۔ مگر یہ شخص کبھی میمونہ عظیم کے ساتھ کیوں نہیں ہوتا؟ سیدھا سا مطلب ہے۔ یا تو میمونہ عظیم نے انھیں چھوڑا ہے۔ یا عظیم الدین نے میمونہ عظیم کو چھوڑا ہے۔ ارے، آدمی اس حد تک اپنے آپ کو ادبی کاموں سے جوڑ لے تو یہ ہونا ہی ہے، ہے نا؟ مجھے مذاق سمجھ میں آگیا۔ میرا قہقہہ نکل گیا۔ کیا سنجیدہ حضرات خوش دلان میں آتے آتے اس حد تک خوش مذاقی کے عادی ہو گئے ہیں؟ مزاح کی اس سے بڑھ کر کوئی عملی خدمت کیا کرے جو عظیم صاحب کر رہے ہیں۔

عظیم الدین عظیم کی تقریر کا کوئی رنگ نہیں ہوتا۔ اس میں مزاح کا، طنز کا رنگ بھی نہیں ہوتا۔ فقط تاثرات ہوتے ہیں۔ جو عظیم صاحب کے رنگ میں ڈوبے ہوئے ہوتے ہیں۔ یہ اب عظیم صاحب کی مرضی ہے کہ اپنے تاثرات کو اپنے رنگ میں ڈبوئیں یا نہ ڈبوئیں۔ ہر کسی کو دوسروں کے تاثرات میں ڈبونے یا ڈوبنے کے لئے مجبور کرنا بھی اچھی بات نہیں۔ یہ ہر کسی کے بس کی بات بھی نہیں کہ دوسروں کے رنگ لے کر ہولی کھیلیں۔ سامعین کی صف میں بیٹھنے والوں کو کوئی پارسا بزرگ، ہولی کے رنگوں سے عاری، سفید بالوں اور داڑھی والا، کبھی پیڈ پر لکھی تقریر کی تحریر دیکھ دیکھ کر پڑھتے، پڑھنے سے زیادہ اٹک اٹک کر بڑھتے، جیسے خوش دلان کی خدمت میں فتویٰ جاری کر رہے ہوں، نظر آئے تو سمجھ لیجئے کہ یہی عظیم الدین عظیم صاحب ہیں۔ ویسے گفتگو کے معاملہ میں انجمن

خوش دلان کی ایک روایت بنانا ضروری ہے۔ آکاش وانی کی روانی کا اختیار کرنا ضروری نہیں ہے۔ آکاش وانی اور خوش دلان کے جلسوں کی قرات میں فرق رکھنا عظیم الدین عظیم کی دور اندیشی ہے۔ (آکاش وانی کے ہونے والے ڈائریکٹر ملنسار احمد اس مقصد کو مات دینا چاہتے ہیں اور ہر جگہ فقط آکاش وانی کی نہج پر کمپیرنگ کرنے تیار ہو جاتے ہیں۔ یہ تشدد پسندی بھی اچھی نہیں ہے) میرے خیال میں انجمن کی پہچان کے ساتھ ساتھ خود کی پہچان بھی ضروری ہے۔ لیکن عظیم الدین عظیم کو پہچاننا اب بہت آسان ہے۔ اگر کوئی شخص بار بار سامعین کو زحمت دیتا رہے۔ ایک مرتبہ پڑھ کر کوئی شخص اطمینان سے بیٹھ جائے تو وہ عظیم صاحب نہیں ہو سکتا۔ مائیک سے ایک ربط خاص کا ہونا بہت ضروری ہے۔ میں نے سلام کیا۔ عظیم صاحب نے بھی سلام کیا۔ میں نے دوبارہ سلام کیا، عظیم صاحب نے بھی سلام کیا۔ میں نے سلام چوکے چھکے میں نا آنے کے لئے رشوت کے طور پر کیا تھا۔۔ انھوں نے کس لئے سلام کیا میں نے نہیں پوچھا۔ بہر کیف ان مشغلوں میں عظیم صاحب خود جوان ہو رہے ہیں، مزاح کو بھی جوان ہونے پر مجبور کر رہے ہیں۔ اس ضمن میں ایک لطیفہ یاد آرہا ہے:

ایک لڑکے سے پوچھا گیا کہ تمہاری عمر کتنی ہے۔؟

لڑکے نے جواب دیا۔۔۔ پندرہ سال

پوچھنے والے نے پوچھا۔۔ تم یار تقریباً کئی سال سے یہی عمر بتا رہے ہو۔ کیا بات ہے؟

لڑکے نے کہا۔۔۔ میں زبان بدلنے والوں میں سے نہیں ہوں۔

عمر کے تعلق سے کوئی زبان بدلے نہ بدلے۔۔۔ عظیم صاحب پریکٹیکل انسان ہیں۔ عمر کے سلسلے میں وہ سنجیدہ ہیں۔ عمر کے پہیوں کو الٹا گھمانے کا پورا ارادہ رکھتے ہیں۔

روزانہ اسی نیت سے صبح نو بجے تک چہل قدمی کرتے ہیں۔ تاکہ چہرے مہرے سے اور قد کاٹھی سے عمر کا وار ظاہر ہونے نہ پائے۔ کئی سالوں سے انھیں دیکھ رہی ہوں، وہ جوں کے توں ہیں۔ عمر ایک عمر پر آکر ٹھہر گئی ہے۔ خود کی صحت اور عمر کا اس قدر خیال رکھتے ہیں، لیکن دوسروں پر خوب وار کرتے ہیں۔ ایک تو طنز و مزاح کا ہتھیار ہمیشہ ساتھ رکھتے ہیں۔ دوسرا انہوں نے کرناٹک کے اردو ادیبوں کی ڈائریکٹری ترتیب دی ہے۔ جب سے یہ ڈائریکٹری شائع ہوئی ہے، لوگوں نے خضاب لگانا اور عمروں کو چھپانا چھوڑ دیا ہے۔ بیویوں کو کم عمر بتانے کا رواج اٹھ گیا ہے۔ یہ ڈائریکٹری نہیں، شیکھر سمن کے پول کھول کا طبع شدہ اڈیشن ہے۔ جس میں ادباء و شعرا اپنی خوبیوں اور خامیوں کے ساتھ آئینہ ہیں۔ کسی نے کہا۔۔ عظیم صاحب کے نام کے اول بھی عظیم ہے اور آخر بھی عظیم ہے۔ اس سے انھوں نے شگون لیا کہ وہ پہلے بھی عظیم تھے، آگے بھی عظیم رہیں گے، لیکن دو عظیموں کے درمیان ایک لفظ "دین" منہ چھپائے بیٹھا ہے۔۔ میری دعا ہے کہ وہ دنیا میں بھی عظیم رہیں اور دین میں بھی عظیم ٹھہرائے جائیں۔ آمین

اعجاز تماپوری: اردو کا کبیر

مٹی کا خستہ گھر، صحن میں نیم کا گھنا پیڑ، پیڑ کے نیچے ایک کھاٹ جس پر ایک شخص دنیا و مافیہا سے بے خبر اپنی سوچوں میں مگن کروٹیں بدلتے ہوئے کاغذ کے ٹکڑوں، سگریٹ کے کوروں، بازار سے خرید کر لائی گئی چیزوں کے بے کار کاغذوں پر تھوڑی تھوڑی دیر بعد کچھ لکھتا چلا جا رہا ہے۔ باہر سے کبھی کبھار کسی کے سلام کی زور سے آواز آ رہی ہے۔ وہیں سے جواب بھی دیا جا رہا ہے۔ نہ سلام کرنے والا اندر آ رہا ہے اور نہ جواب دینے والے نے باہر جانے کی زحمت گوارا کی ہے۔ پتھر پھینکنے سے پانی میں لہریں اٹھتی ہیں مگر تخلیقی مراقبے میں کھوئے ہوئے اس درویش پیکر کے چہرے پر ردعمل کی کوئی لہر نہیں ابھرتی۔ پھٹے پرانے کاغذات، کھٹیا اور اپنے اس خستہ مکان کا یہ تنہا مجذوب شاعر "اعجاز تماپوری" تھا۔ ان کا پورا نام مبارک احمد بوڑے تھا۔ وہ تماپور کے کنڑ مبلغ یٰسین صاحب بوڑے کی اولاد تھے۔ یٰسین صاحب مشہور زمانہ عبداللہ تماپوری کے داماد تھے۔ تماپور کے علاقے میں "علم" کا بیج بونے والی شخصیت یہی عبداللہ تماپوری تھے۔ بے شمار لوگوں کو انھوں نے دین کی تعلیم دی۔ اَن گنت کتابیں لکھیں۔ آج بھی ان کے ہاتھ کے لکھے ہوئے قلمی نسخے اور دستاویزات ان کے خاندانی افراد کے ہاں بوسیدگی کا شکار ہو رہے ہیں۔ جسے وہ وراثت میں ملی ہوئی دولت سے زیادہ اس طرح عزیز رکھتے ہیں کہ کسی کو پڑھنے تک نہیں دیتے۔ میں عبداللہ تماپوری کی شخصیت اور فن پر ڈاکٹریٹ کرنا چاہتی تھی مگر میرے گائیڈ محترم ڈاکٹر راہی قریشی صاحب نے خاموشی اختیار کر لی۔ ان کی اس خاموشی میں دنیا

داری کی احتیاط پوشیدہ تھی۔ عبداللہ تماپوری صاحب آخری عمر میں مذہبی تنازعات میں گھر گئے تھے۔ مسلکی اعتبار سے تماپور کے مسلمان بٹ گئے تھے۔ خیر پوری دنیا میں کون مسلمان متحد ہیں؟

اعجاز تماپوری کے آبا و اجداد "بولتی گنبد" کے شہر بیجاپور کی ویرانی کے بعد تماپور آبسے تھے۔ اسی لیے خاندانی نام "بوڑے" پڑ گیا۔ بعض پڑھے لکھے افراد "بڑے" بھی استعمال کرتے ہیں۔

میں گلبرگہ وی.جی ویمنس کالج میں پڑھ رہی تھی۔ کالج کے سامنے آکاش وانی کا دفتر تھا۔ جناب احمد جلیس صاحب شعبہ اُردو کے ذمہ دار تھے جو بعد کو دور درشن کے ڈپٹی ڈائرکٹر آف پروگرامس بنے۔ میں اپنی چند سہلیوں کے ساتھ میرے ایک ڈرامے کی ریکارڈنگ کے لیے گئی تھی۔ احمد جلیس باصلاحیت طالبات کے ساتھ بڑی شفقت سے پیش آتے اور بطور ہمت افزائی پروگرام بھی دیتے تھے۔ اس دن وہ بڑے خوشگوار موڈ میں تھے۔

ہاں تو فوزیہ آپ تماپوری ہیں؟ غیر متوقع سوال تھا، میں نے کہا "جی ہاں"!

ابھی ایک تماپوری صاحب تشریف لائے تھے، میں نے کہا کہ اپنی پسند کی چند غزلیں منتخب کرلیں اور ریکارڈ کروائیں تو موصوف اپنی بیاض ہی یہاں چھوڑ گئے ہیں کہ میں ہی چند تخلیقات ریکاڈنگ کے لیے منتخب کرلوں مگر اس میں سے اس بیاض سے آپ ہی چند غزلیں منتخب کردیں فوزیہ یہ کہتے ہوئے احمد جلیس نے بیاض کو میری طرف اچھال دیا۔ میں نے دیکھا، بیاض بیاض نہ تھی۔ ایک بہی کھاتہ تھی۔ چیک کراس کرنے کے لیے جس طرح لائنیں کھینچتے ہیں، اسی روش پر اس کے متضاد لائنیں، اوپر سے اشعار، نیچے کی طرف سے اشعار، حاشیے میں کچھ مصرعے، کہیں کہیں خط تنسیخ کے نشان اور کچھ انڈر

لائیں۔ غرض ہر ورق شاعری کا پورا ہندوستان تھا، جس کی مختلف شعری نسلیں، قومیں ایک دوسرے میں ایسی الجھی ہوئی تھی کہ ایک کھینچو گے تو دوسری شعری نسل کی باگ ڈور خود بخود کھینچ جائے گی۔ مجھے تو اس وقت کچھ سمجھ میں نہ آیا۔ تھوڑی سی خفت محسوس ہوئی کہ یہ شخص کوئی اور نہیں رشتے میں میرے نانا جان ہیں۔ جنہیں میں "مبارک ماموں " کہتی تھی۔ یہ ہماری امی کے سگے ماموں تھے اور ہماری امی جان یہی کہتی تھیں تو بچے بھی یہی کہنے لگے تھے۔

اعجاز صاحب میں خود اعتمادی کی کمی تھی۔ کوئی فیصلہ حتیٰ کہ چھوٹے سے چھوٹا، خود اپنی تخلیقات کے انتخاب کا ہی کیوں نہ ہو، کر نہیں سکتے تھے۔ بعض لوگ کہتے ہیں کہ ہمت نام کو بھی نہیں تھی۔ پیشے سے وہ استاد تھے۔ ان کے دماغ میں یہ بات بیٹھی ہوئی تھی کہ کوئی سرکاری ملازم سرکار کی اجازت کے بغیر اپنے نام سے کوئی تخلیق شائع نہیں کرواسکتا۔ بس اسی ڈر کی وجہ سے ملازمت کے دروان کوئی تخلیق اپنے نام سے شائع نہیں کروائی۔ بیوی بچوں میں جس کے نام قرعہ پڑتا، اسی کے نام سے تخلیقات شائع ہوتی رہتیں۔ البتہ ریٹائرمنٹ کے بعد اپنی تخلیقات اپنے نام سے اشاعت کے لیے رسائل واخبارات کو بھیجا کرتے تھے۔

برسوں مسجد کے پچھواڑے رہ کر بھی یہ شخص کامریڈ ہی رہا عید شب برات کو بھی خدا کے حضور کم ہی جھکا ہوگا۔ سارے نمازی نماز پڑھتے اور یہ مسجد کے صحن میں باقاعدہ بیٹھ کر نمازیوں کی صف بندی کو دیکھا کرتے۔ نماز کے لیے انہیں بلانے کی بے ادبی کوئی نہیں کر سکتا تھا۔ کیونکہ اکثر انہیں کے شاگرد تھے۔ اس سچے کامریڈ کو بھی خدا کی ضرورت تھی۔ خدا کی جگہ "ثریا" نے پوری کی۔ ثریا اہلیہ کا نام تھا۔ اہلیہ سے بہت محبت تھی۔ صبح سے شام تک اہلیہ کی تعریفوں کے پل باندھے جاتے۔ اور انہیں کی حمد و ثنا

ہوتی۔ شائد خدا کو یہ "شرک" منظور نہ تھا۔ خدا نے اعجاز تماپوری سے ان کا "خدا" بہت جلد چھین لیا۔ چار لڑکے اور دو لڑکیاں چھوڑ کر ان کی اہلیہ چل بسیں۔ لڑکیوں کی شادیاں ہو گئیں اور لڑکے اعلیٰ تعلیم کے لیے وطن چھوڑ گئے تو یہ پنچھی اکیلا رہ گیا۔ نہ کوئی اپنا تھا نہ پرایا، سارے لوگ انہیں چلتے پھرتے ہیولے نظر آتے اور سارے لوگوں کو یہ انسان نما دکھائی دیتے۔ جن حالات سے وہ گذرے اگر کوئی دوسرا شخص ہوتا تو تنہائی کا شکار ہو جاتا مگر انہوں نے شاعری سے دوسرا نکاح کیا اور یہ اعجاز تماپوری کی فطرت کا اعجاز تھا کہ انہوں نے اپنی تنہائی کو دوہوں اور غزلوں کی زبان دی۔ قصیدے لکھے نوحے لکھے، مرثیے، قطعات، رباعیاں، ترائیلے اور ہائیکو، ہر صنف سے باتیں کیں اور دوستی کا ہاتھ بڑھایا۔

نرالے ماحول میں تخلیقی عمل جاری رہتا۔ کھاٹ کے بازو ہی بلی اور کبوتر دونوں خوش فعلیوں میں مصروف ہوتے، شاعر موصوف دوہوں اور غزلوں کی تخلیق میں مگن دولت، شہرت اور سماج کے تکون سے کبھی کے آزاد ہو چکے تھے

لوگ جذبوں کو مانتے ہی نہیں
اب دکھائیں سخن میں کیا اعجاز

سخن میں اعجاز نمائی ہوتی رہی مگر زندگی میں کوئی اعجاز دکھانے سے عاجز رہے۔ فقر کی حد تک سادگی تھی۔ طب سے واقف میری نانی جان موصوف کی بڑی بہن تھیں۔ نانی جان کے پاس اس حال میں آئے کہ ناک سے مسلسل خون بہہ رہا ہے۔ نانی جان نے تفصیل پوچھی تو پتہ چلا کہ کئی دن سے صرف لہسن کی چٹنی اور جوار کی روٹی کھائی جا رہی ہے۔ جب اس تناول طعام کی بھی خبر لی گئی تو کہا کہ سردی وزکام کا حملہ ہوا تھا ایک معمولی سردی وزکام کے لیے جو شخص کئی دن لگاتار چٹنی روٹی کھائے، اس کی سخت مزاجی اور

سادگی کا اندازہ لگائیے۔ انکی یہ مستقبل مزاجی صرف پرہیز میں تھی۔ زندگی کے کسی کام میں ایسی مستقل مزاجی کی رمق بھی دور دور تک کہیں نظر نہیں آتی!

ایک مرتبہ نانی جان کے پاس دوڑے دوڑے آئے۔ نانی جان کہتی ہیں کہ پیر کو کپڑا خوب کس کر باندھا گیا تھا۔ پوچھنے پر بتایا کہ کتے نے "سونگھا" ہے کاٹا نہیں ہے صرف سونگھاہے اور اس کے لیے پرہیز چل رہاہے۔ متعدد حکیموں سے مشورے ہو رہے ہیں۔ ہر حکیم حسب استطاعت مشورے کی جھولی میں پرہیز ڈال رہاہے۔ اور یہ جھولی بھر کر ہر پرہیز پر عمل پیرا ہو رہے ہیں۔ اپنے طعام کا حصہ خود بنارہے ہیں۔ ایسا ایک مرتبہ نہیں۔ کتے نے زندگی میں تین مرتبہ "پیر" کو ہی سونگھا ان کی معصومیت دیکھئے کہ یہ تین مرتبہ بھی سگ گزیدہ سے زیادہ بوکھلائے پھرتے رہے۔ اگر خدانخواستہ غالب کی طرح مردم گزیدہ ہوتے تو پتہ نہیں کیا کیا کرتے پھرتے!!

اکثر یادگیر آتے اپنی بڑی آپا یعنی میری نانی جان سے ملنے آتے تو بڑے بھانجے جناب نجم الثاقب شحنہ سے ملاقات ضرور ہوتی۔ کچن سے چائے آنے تک یہ غائب ہو جاتے اور تماپور کے لیے نکل پڑتے۔ خادمہ چائے لیے ڈھونڈتی رہ جاتی۔

حیدرآباد کے مشہور ڈاکٹر عبدالصمدانی صاحب موصوف کے بہنوئی اور سمدھی بھی ہیں، خود بہن کے گھر میں ان کا رُکنا محال تھا۔ حیدرآباد میں رضوانہ آپا (اعجاز تماپوری کی بیٹی اور صمدانی صاحب کی بہو) کھانا تیار کر کے انتظار کرتے کرتے تھک کر تماپور فون کرتیں تو پتہ چلتا کہ وہ کبھی کے تماپور پہنچ چکے ہیں۔

رائچور میں بڑی بیٹی زرینہ اپنے بچوں کے ساتھ رہتی ہیں۔ ان نواسوں سے موصوف کو بڑی محبت تھی۔ نواسوں کی یاد نے بے چین کر دیا تو رائچور چلے گئے۔ وہاں بھی یہی آنکھ مچولی کا کھیل جاری رہا۔ بغیر اطلاع آئے اور بغیر اطلاع چلے گئے۔ آج کے دور

میں کسی گھر میں اچانک ایک فرد کے آ جانے سے جو چھوٹے بڑے مسائل پیدا ہو سکتے ہیں۔ وہ اس کا سبب نہیں بننا چاہتے تھے۔ وہ زندگی بھر کسی کے لیے بوجھ نہیں بن سکے۔ اس احتیاط میں چھپی عظمت کی داد کون دے سکتا ہے؟

چھٹیوں میں لڑکے گھر آتے تو گھر میں چہل پہل بڑھ جاتی۔ اس بارونق محفل میں بیٹھ کر اعلیٰ تعلیم حاصل کرنے والے لڑکوں سے کہتے "اپنی پسند کی کوئی لڑکی ڈھونڈ لو، یہاں کوئی نہیں ہے جو تمہاری یہ ضرورت پوری کرے! بہو کا ارمان کرنے والی ہی گھر میں نہ ہو تو بہو کون لائے گا؟ اپنی پسند سے تم خود کر لو۔ اپنی اپنی شادیاں کوئی بھی کیسی بھی تمہاری پسند چاہے ہندو ہو یا مسلمان میرے اس گھر کے لیے عورت ہی کافی ہے " صاحبزادے بھی اتنے شریف کہ باپ کی باتیں سن کر ہنس دیتے اور پوری سنجیدگی سے تعلیم پر توجہ صرف کرتے۔ آج چاروں لڑکے گورنمنٹ سروس میں اچھے پوسٹس پر برسرکار ہیں۔

سالار میں میرا افسانہ "لمحاتی احساس" چھپا تھا۔ سالار کا ایڈیشن ہاتھ میں لیے دروازے ہی سے تقریباً چیختے ہوئے حاضر ہوئے ثریا(میری والدہ کا نام بھی ثریا ہے)اُو ثریا یہ دیکھ تیری بیٹی کا افسانہ سالار میں چھپا ہے۔ میں اوپر تھی نیچے آنے تک وہ لوٹ رہے تھے، میں نے پکارا، ماموں جان اخبار تو دیجئے جواب ملا، یہ ہوٹل والے کا ہے۔ خرید کر پڑھ لینا کہتے ہوئے آرام سے چلے بھی گئے۔ خوشخبری سنائی مقصد پورا ہو گیا۔ مگر خوشخبری کا صلہ؟ ہائے مبارک احمد اعجاز اف رے درویشی۔

سادگی، معصومیت اور حقیقت پسندی کو کون پسند نہیں کرتا، مگر وقت بے وقت ان کا استعمال مذاق کا موضوع بن جاتا ہے۔ ایک روز یہ نئی شرٹ پہنے ہوئے احباب کی محفل میں داخل ہو رہے ہیں۔ کسی نے شرٹ کی تعریف کرتے ہوئے کہا کہ آج تو آپ اس

شرٹ میں بہت چمک رہے ہیں۔ جواب میں "شکریہ" کہہ دیتے تو بات ختم ہو جاتی مگر نہیں آپ جواب دیتے ارے یار، یہ میری نہیں میرے بھانجے کی ہے۔ جواب سن کر سب کے چہرے پر طنزیہ مسکراہٹ نمودار ہو جاتی۔

ایک محفل میں ایک صاحب نے ان کے والد کی تعریف کی اور کہنے لگے کہ آزادی سے قبل دیہات، دیہات گھوم کر تبلیغ کا کام کیا کرتے تھے۔ غیر مسلموں کے سامنے بھی دین کی بات رکھتے اور توحید کی بات پیش کرتے تھے۔ مرحوم ایک مجاہد تھے۔ اعجاز صاحب کب خاموش رہ سکتے تھے۔ چاہے تذکرہ ان کے والد محترم کا ہی کیوں نہ ہو۔ فوراً تردید کی۔ میرے والد مبلغ تھے، مگر مجاہد نہیں، اور وضاحت کے لیے ایک واقعہ سنایا

"ایک مرتبہ قریبی دیہات میں ان کی تقریر کا پروگرام تھا۔ اس زمانے میں دیہاتوں تک ابھی برقی روشنی نہیں پہنچی تھی۔ رات کا وقت تھا، ایک کمزور سی لکڑی کی میز پر پیٹرومیکس روشن تھا۔ ایک کرسی پر مقرر رونق افروز تھے۔ سامنے مٹی کے فرش پر ہندو مسلم سامعین بیٹھے ہوئے تھے۔ ہمارے والد صاحب کی تقریر شروع ہوئی۔ دوران تقریر ذرا سا جوش میں آ گئے تو میز پر مکا مار کر بات کرنا چاہتے تھے کہ مکے کے زور سے کمزور سی میز کانپ گئی اور پیٹرومیکس کی بتی گل ہو گئی۔ چاروں طرف اندھیرا چھا گیا۔ روشنی کے انتظام کے لیے لوگ بھاگ دوڑ کرنے لگے۔ تھوڑی دیر میں پٹیل صاحب کے گھر سے نیا پیٹرومیکس آ گیا۔ لوگوں کے چہرے کھل اٹھے۔ منتشر افراد اپنی اپنی جگہوں پر بیٹھنے لگے۔ سب کی نظریں مقرر کی کرسی کی طرف اٹھنے لگیں۔ کھسر پھسر شروع ہو گئی کہ مقرر کہاں گیا؟ کافی تلاش کے باوجود ہمارے والد صاحب کا پتہ نہیں چلا تو لوگ پریشان ہو گئے، جلسہ بکھر گیا۔ دیکھتے ہی دیکھتے میدان خالی ہو گیا مگر کسی کو بھی مقرر کے غائب ہونے کی وجہ سمجھ میں نہیں آئی۔

چاروں طرف اندھیرا چھا گیا تو ہمارے والد صاحب گھبرا گئے۔ اچانک انکے دماغ میں خیال آیا کہ کوئی دشمن اندھیرے میں جان سے نہ مار دے۔ تو کسی کو بتائے بغیر ہی وہاں سے غائب ہو گئے اور ہانپتے کانپتے سیدھے گھر پہنچ گئے۔ ہمارے والد عجیب ڈرپوک قسم کے آدمی تھے اور آپ انہیں مجاہد کہہ رہے ہیں، یہ غلط ہے۔

یہ تھی اعجاز صاحب کی حق گوئی۔ ان کی اس فطرت کو آپ کس خانے میں رکھیں گے۔ معمولی سا جھوٹ بھی وہ برداشت نہیں کر سکتے تھے۔ آج ہم ایسی شخصیتیں اور ایسے کردار کہاں ڈھونڈیں گے ؟!

وہ وقت کے دھارے میں تنکوں کی طرح بہہ گئے، میں انہیں پیکر ضبط کیوں کر کہوں، غزلوں اور دوہوں میں بچوں کی طرح آنسو بہا چکے ہیں۔ ان کے جذبے غزلوں میں سانس لیتے ہیں۔ وہ بہت باخبر تھے پھر بھی زندگی بھر خود سے بے خبر رہے۔ وہ باشعور تھے مگر اپنی شہرت کا احساس نہ تھا۔ وہ جینیس تھے جسے دنیا پہچان نہ سکی۔ وہ باعزت تھے جس کی شرافت کو دنیا ہضم تو کیا کرتی سمجھ بھی نہ سکی وہ پر خلوص تھے مگر ہمیشہ اپنے خلوص کے ساتھ تنہا رہے۔ جسم کے درودیوار میں ایک عمر تک قید رہے اور بغیر کسی اطلاع کے آزاد بھی ہو گئے۔ جانے سے قبل بے شمار مسودے، بے شمار بیاضیں، وقت کے رحم و کرم پر چھوڑ گئے۔

میں جب بھی یادگیر جاتی تو محترم نجم الثاقب شحنہ سے ملنے ضرور جاتی۔ ایک مرتبہ گئی تو وہ چند اشعار کا بار بار ورد کر رہے تھے مجھے دیکھ کر کہا فوزیہ مبارک ماموں جان پر اچھے شعر نازل ہو رہے ہیں لو سنو اور پھر چند شعر سنائے

یہ ساری زندگی یارب ہماری
فقط کیا تجھ سے ڈرنے کے لیے ہے

ریزہ ریزہ جسم ہوا ہے روح ہوئی مجبور
کتنی اونچائی پہ رکھے تو نے حور و قصور
سرگوشی میں سن لے نرم و نازک ہے گفتار
اپنا پن بھی بن جاتا ہے دو دھاری تلوار

میری شادی سے قبل اکثر ہمارے گھر تشریف لاتے تو میں اصرار کرتی کہ ماموں جان کچھ دیر تو رکیے کہتے پہلے شادی کر لے پھر تیرے گھر آکر رہوں گا جب شادی ہوئی تو میں نے ان کا وعدہ یاد دلایا فرمایا تیرا دولھا کیا سمجھے گا؟ کباب میں ہڈی نہیں سمجھے گا؟ میں نے ہنس کر کہا تھا ماموں جان فنکار کباب میں ہڈی نہیں، مسالہ ہوتا ہے۔

بنگلور میں ان کے ایک صاحبزادے نصیر احمد رہتے ہیں۔ بیٹے کے اصرار پر بنگلور آنے کا خیال ہوا تو مجھ سے کہنے لگے دیکھ فوزیہ میں بنگلور آؤں گا مگر رہوں گا تیرے پاس تیرے گھر میں تو غزلوں کی پارکھ ہے، نئی غزل لکھتے ہی مجھے سامع کی تلاش کی ضرورت نہ رہے گی۔ میں لکھتا رہوں گا اور تو سنتی رہے گی۔

میں چھیڑنے کے لیے کہتی ماموں جان وہ سب تو ٹھیک ہے، اگر میں بھی شاعری شروع کر دوں تو"؟ یہ بات انہیں پریشان کر دیتی کہ کہیں واقعی ایک سامع ان کے ہاتھ سے نکل نہ جائے!

حیف کہ وہ میرے گھر نہ آسکے اور ایک دن خبر آئی کہ مبارک ماموں جان بے در و دیوار کے اس گھر میں منتقل ہو چکے ہیں، جہاں سے کوئی بھی واپس نہیں آتا!

***

AF740980